JN418691

이희숙 시집

꽃은 참 아팠겠다

국립중앙도서관 출판시도서목록(CIP)

꽃은 참 아팠겠다 : 이희숙 시집 / 지은이: 이희숙. — 서울 : 한누리
미디어, 2011
p. ; cm

ISBN 978-89-7969-401-7 03810 : ₩10000

한국 현대시[韓國 現代詩]

811.7-KDC5
895.715-DDC21 CIP2011004125

이희숙 시집

꽃은 참 아팠겠다

한누리미디어

시인의 말

낙동강 하구 논길을 걸어 下校할 때
나비, 구름을 보고 털썩 주저앉아
詩인지도 모르고 썼던 낙서가
세월이 흐른 뒤 내게로 찾아와
남은 여정 같이 가자 손을 내민다
어디에서 왔는지 알 수 없는 그대

삶의 강가에 서서

살아온 길은 막힘도 있고
급하게 꺾인 흔적도 있지만
조용히 세월의 강으로 흐르고 싶다

사연 없는 삶이 어디 있으며
눈물 없는 사랑이 어디 있으며
아픔 없는 삶이 어디 있을까

산다는 것은 지나간 것들을 버리는 것이 아닌
내 몸에 생긴 흉터처럼
지울 수 없는 기억으로 껴안고 가야 하리라

세월의 깊은 강가에 서면
그리움으로 몸부림치며 사랑으로 아파하는
그것은
살아가며 느끼는 고요한 상처다

마음에 이는 작은 바람이 큰 바람이 되지 않도록
슬픔이 아픔으로 가지 않도록
잔잔한 물길을 만들어

강물이 바다로 흘러가듯이
조용히 흐르고 흘러
삶의 강 끝에 웃으며 도착하리라

2011년 7월 법화산 자락에서

珍鮮 이희숙

차례

1부 풍경소리

2부 바람개비

3부 빙어

4부 붓

차례

5부 검은 가시꽃

6부 나스까 사막

제 1 부

풍경소리

오이/ 우물/ 풍경(소 · 1)
풍경(소 · 2)/ 동물 천도제/ 풍경소리
그 모습/ 선릉역, 너무 높다
능내역/ 누에 같은 손/ 동반자
갈대 · 1/ 갈대 · 2/ 갈대 · 3
불타는 숭례문/ 설날 아침

오이

젖비린내 잔잔히 남았을
유모차를 밀며 노인은 기다시피
주저앉은 허리 축을
그것에 맡기고 서툰 운전을 한다

밀고 당기기를 숨 가쁘게 해도
앞으로 가는 것보다
그 자리에서 바퀴는
뱅뱅 헛돈다

가느다란 실줄에 기대어
제 몸보다 더 큰 오이를 매달고
힘겹게 오르는 오이 넝쿨처럼
골목바람에도 유모차는 쓰러질 것 같다

링거 줄 같은 넝쿨에서
금방이라도 떨어질 듯 오이는
허옇게 익어 있다
미안해 미안해 하면서
오이를 몇 개 따내니, 내가 더 가벼워진다

저 노인의 어디를 들어내어야
더 가벼워질 수 있을까
몇 개의 오이를 따낸 넝쿨처럼
자유로울까

노인의 뼈 속도 그렇게 말라갔을 것이다

우물

눈물이 흐르는 것은
몸속 어딘가 우물이 있다는 뜻이다
별들이 우물에 떠오르면
잠자던 심장에 별이 반짝인다

오늘도 출렁이는 소리를 찾아
캄캄한 우물 속에 두레박을 내린다
거긴 할퀴고 상처 난 눈물의 옹이가 둥둥 떠 있다

기쁘게 슬프게 하는 것도
몸속 출렁이는 우물일 것일까
떨림 속으로 던져 내리며
두레박 던져 길어 올린다

서늘한 깊은 우물 웅덩이에
푸른 눈물이 듬뿍 고여 있다

풍경(소 · 1)

구덩이로 몰아가기 전
축사에서 살처분 될 어미소가
새끼에게 불은 젖을 물리고 있다

젖꼭지를 잘근잘근 씹다가
젖가슴을 쿡쿡, 들이치받다가
문득, 하늘 한 번 쳐다본다

저렇게라도 하면 잊어버리지 않을 것이다
저렇게 체온이라도 나누면
눈을 감고도 서로를 잊지 않을 것이다

뜨거운 안락사 주사바늘 들어갈 때
태어난 지 겨우 한 달 된 어린 송아지는
그저,
눈만 껌뻑인다

어미 눈에 영롱한 새끼가 박혀 있다
죽음의 소통은 이제, 너도 나도
아프지도 않겠다

풍경(소 · 2)

안락사 주사를 맞고
서로 쳐다보는 커다란 눈이 축축하다
잃어가는 정신을 붙잡으며
어미 사타구니로 자꾸 콧등을 박는다

새끼에게 마지막 줄 수 있는 것이
이것 밖에 없다
미련이 남지 않도록 버티는 그 시간까지
젖을 물리고 있다

어미와 새끼가 한 무덤에 묻혀
캄캄한 땅속에서 서로의 체온을 느끼며
죽음의 길 갈 것이다

물길이 없는 깊은 눈망울 거울인 양 비춰보며
서로의 눈동자에 담고 있다
어찌할 수도 없는 눈 속에
궁륭이 남아 있다

눈 속엔 하고픈 말들이
금방 흘러내릴 듯, 방울지는데
어디에 울음의 길을 내줄 것인가

동물 천도제

족발 가진 짐승들은 모두 구제역이라니
날 잡아 몰살하는
지옥의 한 장면 같다

윤회처럼 사람이 죽어
짐승으로 태어난다는 말 믿고 싶지 않다
먹고 먹히는 먹이사슬에서
모두들 그렇게 아귀처럼 먹어대더니
그 죄가 돌아온 것인가

눈뜬 저들을 생매장하려는데
어미와 새끼의 눈망울 속엔
이곳저곳 마지막 풍광을 담으려는 듯
둥그런 눈 휘두르다
땅 속으로 처박힌다

처연하게 들리는 목탁소리
맑은 눈 묻었으니, 그 울음소리 채 덮지 못하고
하늘을 폴폴 날아오르는데
죄 더 많은 인간의 천도제는 누가 지내 주려나

풍경소리

쩔렁쩔렁 흔들리며 가는
저 소리
저승 가는 요령소리처럼 구슬프다

언제나 원을 넘지 못하는 그를
바람 따라 세차게 흔들어도 보고
때론, 달빛이 찾아와 흔들면 짤랑
입맞춤한다

처마 밖으로 한 번도 나가지 못해도
반경 아래서만 흔들리는 것은
허공에 푸른 풍장을 준비하는 것

풍경은 바람의 경전이 드리는
부처의 두드림이다

그 모습

번화한 은행 앞, 좌판 하나 가지런히
깻잎, 호박잎 한 자루 가득 펴 놓고
중절모 쓴 할아버지 반무릎으로 앉아있다

새벽부터 한 묶음, 한 묶음 묶었을
푸른 푸성귀 단엔 할머니의 매운 손끝이
단단히 숨어 있는 매듭이 보인다

해마다 이 맘 때면 푸성귀 들고 나오시는
그 할아버지
덤으로 더 달라는 이에게 콜마트 나가보라며
호통 치시는 할아버지

항상, 당당하게 살아오신 할아버지
당신으로 끝나지 않았으면 좋겠습니다
내년 후년에도 그 자리
꼭 지켜 주세요

선릉역, 너무 높다

입속에서 뱉을 때마다 끊어지고 찌그러져
온 사지를 꼬면서 뱉어낸 ㅁㅅ, ㅄ, ㅡㅇ
단발마같이 비명 한 마디 토해낸다
온몸 비틀어도 좀처럼 알아들을 수 없는
그만의 언어 흐린 공기처럼 아득하다

출입문을 닫는다는 안내방송에
쫓기듯 서두르면 서두를수록 자꾸 헛도는
휠체어 바퀴를 미는 친구의 몸이 뒤틀리며 넘어진다
몸 하나 불편한 것이 온 세상을 들고 선 듯
온몸을 다해 밀고 당겨 들어선 전철 안은
냉랭하다

어디에도 그가 기댈 곳 없이
흔들리며 떠나는 전철 안
불편이 불안으로 스며드는 이웃들의 눈치를
그간의 늘어져 말라붙은 촉수로
전이된다

문득,

저들은 수명이 짧다는데
어느 친군가 문상객이 되겠지
뇌성마비인 그들의 세상 사는 것이란
바깥에선 장애가 아니라 목숨을 거는 일이다

능내역

중앙선 전철 개통으로
굽이굽이 돌아가는 능내역이 폐쇄되었다
오가고 싶은 발자국들이 갇혀 있는 폐선로 위로
가을 잠자리 몇 마리 유유히 날고

선로 옆 오두막집 노부부의 도란거림 속에
할배 잔소리를 받아치기도 하는 할매의 기세처럼
아름다운 평행선

어쩌다 오일장 나서는 노부부를 보면
꼭, 폐선로 같다

구부정하게 둘인 듯, 하나인 저들 또한
잠자는 능내역처럼

두 줄의 폐선로는
저 부부 같이 쉬어도
아름답다

누에 같은 손

낮고 어둑한 지하도 한 켠
허름한 좌판을 깔아놓은 노파는 항상
손녀와 같이 앉아 있었다

푸성귀 몇 다발 벌려놓고 무거운 몸짓으로
봄나물 건네던 노인의 손이 애벌레처럼 꿈틀
할머니 젖을 만지는 손은
뽕잎을 갉아먹는 누에 같았다

푸른 봄날 뽕잎을 먹은 누에가 길고 긴
누에실로 둘의 생을 둘둘 말아
딱딱한 누에고치처럼 든든한 요람이 되길
얼마나 기원했는지

언제부턴가 학교에서 돌아오는 길
그 좌판 옆에 종종 비닐봉지를 집어주기도 하던
그 아이

이듬해 혼자 앉아 있는
소녀의 좌판에 달래, 냉이, 장다리꽃 위로
흰 나비 한 마리 날고 있다

동반자

서로 다른 빛깔이
작은 가슴에
조금씩 물들어 가지요

영롱한
무지갯빛 만들 때까지
뭉치고 섞여
방물장수도 놀라고 가는
기막힌 사랑 색깔 만들지요

저 가슴 밑바닥
퍼 올린 사랑의 물로
소리 없이 스며들어
예쁜 열매 달리고

나는 네가 되고
너는 내가 되어

좋은날
궂은날도

서로 등 두드려 주며

해질녘
한 폭
그림으로 남지요

갈대 · 1

순천만 갈대숲은
엇갈린 신호로
한 번도 뭍으로 올라오지 못한다

흔들흔들 바람 따라
뭍으로 고개를 내밀어
하얗게 핀 억새의 춤에
덩달아 북을 친다

함성도 갈채도 없이
흔들려야 한다는 것
바람에 순응하며
그렇게
흔들려야 한다는 갈대

세상을 살아간다는 것은 저처럼
운명에 순응하며
저렇게
흔들거리는
순명의 길

갈대 · 2

등 부비며 춤추는 키다리 갈대여
내던진 자투리땅에
티격태격 다투는 이 누구인가

출렁이는 바람결에도
서로 엉키어 흔들리며 견디는 갈대

갈대는 젖은 땅에서도
묵묵히 발을 내려
갈대숲을 만든다

그러나
아이 손에
꺾어져 들린 갈대 하나
혼자서는 춤출 수 없다고
굿판을 내려놓는다

갈대 · 3

갈대는
한 발자국도 둑을 넘지 못한 채
부대끼고 흔들리다
속을 비워 비상을 꿈꾼다

찬바람 불어 사각거릴 때
만지면 부서져 토라질 것 같은 가녀린 몸속
그 어디에다 흔들리는 노래를 숨기고
바람과 살을 섞었더냐

진정, 혼자서는 춤출 수 없었더냐
흔들릴 때마다 사각거리는 합창이
바람으로 떠돌다

강물도 편히 잠들지 못하는 밤
부러진 날개는 새떼 되어 날아간다

불타는 숭례문

육백년을 활활 불태운다
우리의 배반이 낭자하게
속에서부터 피를 흘리고 있다
돌려세울 틈도 없이
출렁이며 더듬으며 불꽃 속으로 사라진다

서까래에 담긴 한민족의 魂
다 빠져 나간다
목수장인木手丈人의 정성도 다 빠져 나갔다

어떤 것도 영원한 것 없다는
교훈만 남긴 채
국보 1호가 불타고 있다

연기 되어 훨훨 날아갔다
불꽃 속으로 죽어갔다

사방의 길이 사라지고
캄캄한 궁금증 하나 퍼득인다

설날 아침

이 섬, 저 섬
빗장 열어 모두가
하나 되어 넘실된다

어제라고
강물이 일렁이고
파도가 출렁이지 않았더냐

해가 뜨고
달이 뜨고
마지막 달력을 떼어내는 일 아니더냐

해가 제일 먼저 뜨는 곳으로 달려가
동쪽으로 향하여 주문을 외고
소지燒紙 한 장 태워 올린 치성으로
새날을 맞는다

새해 첫날 떠오른
아침 해
네가 새날이다

제2부

바람개비

바람개비/ 마중불 들고 서서
꽃은 참 아팠겠다/ 상사화/ 압화
청보리밭/ 모과꽃/ 목련꽃/ 수련/ 앵두
이팝꽃 피는 밤/ 진달래는 왜 또 피지
물푸레나무/ 봄눈/ 바람
솔비치 호텔에서/ 바람아

바람개비

– 올림픽공원에서

바람의 입김에 파르르 떨리며
세상을 돌리는 저 부지런한 스핀
바람의 틈을 따라 휘돌아 나는
자전거 바퀴살 같은

바람개비는 바람의 유속을 알아듣는지
시계의 초침처럼 들숨 날숨이 인다
잘 포개진 둘의 꼬리로 곰삭은 춤을 추고
바늘인 듯 실인 듯 하나 되어
동쪽이 흔들리면 서쪽의 춤을 추고
서쪽이 흔들리면 동쪽의 춤을 춘다
둘인 듯 한 몸 되어 무채색 바람개비가 돈다

소풍 나온 아이는
잔디밭이 제 무대인 양
아는 노래는 제 다 부르고
엄마 아빠의 박수소리가
파란 바람을 일으키며 돈다

숨 가쁘게 돌리던 바람개비 내려놓고

한나절 공원에 한가로움을
베개 삼아 오수를 즐기는
바람아, 사람아

마중불 들고 서서

무슨 할 말 그리 많아
잎보다 줄기보다 먼저
뾰족한 붓끝 세워
하늘을 오르는가

고대광실 가풍 지킨
수절의 깊은 시름
한 뜸 한 뜸
수틀에 쏟아 놓고
하늘하늘 꽃잎 피워
바람에 날리는가

행여 그가 오시는 길
마중불 손에 들고
본향 북쪽 바라보며
소복단장한 여인이
목련처럼 서 있다

꽃은 참 아팠겠다

사철 꽃을 볼 수 있는
샐비어를 베란다에 심었다

혼자서 피고 지고, 또 피어
아무도 보아주지 않아도 투정부리지 않고
꽃잎은 고요하다

텅 빈 집에서 묵묵히
집 비운 채 멀리 여행에서 돌아오면
꽃은 활짝 피어 반긴다

너도 참 아팠겠다

한겨울 지나고도
꽃, 줄기로 팽팽히
속내 감추고는
꽃피울 속을 앓는다

또 한철 지나면
외로움을 삭이고 있을지 어쩌면
시뻘건 불꽃이 타오르고 있을지
그 속도 새카맣게 타고 있을지

상사화

잎과 꽃이 한 번도 만나볼 수 없다는
그 전설의 꽃
죽은 듯 잠자더니
부처님 목탁소리에 눈뜬다

그렇게도 여러 날 날줄을 엮더니
가녀린 여섯 잎 꽃피워 홀로 피고 지는 어긋남으로
서로 만나지 못하는 상사화
긴 기다림의 꽃대궁은
이승과 저승만큼의 먼 거리인가

파리한 잎새의 환생
긴 목 빼어서 기다려도 번번이 어긋나
뿜어 올린 꽃대궁 위에 홀로 나비 날고 있다

압화

심장에 박힌 못은
물결을 거슬러 오르는 물고기 떼처럼
더 깊이 들어간다

이 고동소리가 멈추는 날
행진도 끝날 것이리라
자국은 애벌레 되어
나비 표본처럼 뼛속 깊숙이
붉은 압화로 선명하다

녹슬 줄 모르고 날 세운 도끼로
서늘하게 다가온다
몸속 마디마디 박힌 못자국은
한 생이 끝나는 날
삭아 잘게 부서져 바람되리라

청보리밭

여러 구부정
가녀린 보릿대 속
엄마 허리 휘청인다

청보리 꺾어
찐보리 디딜방아 찧어
허기 달래주던

수정 같은 떡보리
한주먹 입에 넣고 온 동네를
껑충이며 넘던 보릿고개

풋풋하게 비려오는 보리 물결 위에
먼저 가신 엄마가
저만치 서 있다

모과꽃

명화꽃보다 더 작게
보일 듯 말 듯
다소곳이 숨죽여 핀
이름 없는 나목의 환생이려나

그 커다란 꿈을 키우려
내색 한 번 내지 않고
안으로 안으로만 삭히며
명화꽃보다 작게 피어 있다

나이테에 모과향
차곡차곡 쌓으며
들큰하고 씁쌀한 신의 향기를 품는 중이다

목련꽃

너는
겨울이 벗어 놓은 날개
한낱 지푸라기 같은 목숨으로
수순인 양 봄을 들고선

너 순백의 자태
어느 지천에다 내려놓으랴
아픔이 피워낸 옹이
강물 위, 나비 되어 떠간다

어느 누가 와서 강물 휘젓거든
못 본 척 흘러가거라
하얀 꽃잎은 목숨 지킨 은장도이었다고

수련

잠방 잠방, 도그르르
부처님 손바닥 같은 수련 잎에 가득 담겨
구슬처럼 가득차면 넘쳐 흘러내린다

욕심 부리지 않고
채워지면 금방 비워 버리는
계영배처럼

흙 속에 몇 섬지기 부어 피어올린
수련 한 송이는
평생 갈고 닦은 사리 한 알이다

앵두

앵두알 저희들끼리 빰을 부빈다
숨긴 사랑 꺼내 깨글, 물어 본다
이 얼마만인가
앞가슴이 몽긋한 계집아이
귓불이 뜨겁게 붉다
남몰래 바람이 훠감은 열기였다

진홍색 농익은 앵두의 콩캉콩캉
바람이 휘익, 여린 살갗에
어제보다 붉은 입김을 놓고 간다
이미 알고 있었다
진홍색 앵두는 달거리였다

이팝꽃 피는 밤

이팝꽃 하얗게 끓어오르는 밤은
생일날 고봉 쌀밥 같은
푸짐한 날이다

눈부시게 하얀 저 꽃
어머니의 한시름이
수북이 피운 꽃일까

꽃잎에 수줍은 듯 새벽이슬 방울방울 내린 꽃
해묵은 또아리 하나 풀어내는 뒤안길
돌아보니 해안이 서럽다

이팝꽃 하얗게 피는 밤은
끼니 거른 들짐승들의
만찬의 밤이 되어라

이팝꽃 하얗게 피는 밤은
온 마을 잔치가 열리는
사대부집 곳간의 인심 같아라

진달래는 왜 또 피지

올해도 진달래는
꽃을 화창하게 피웠다

육개월
정해진, 그 시간 속에
병원 앞산에 핀 꽃들을 보아도
고운 줄 모르겠다더라

저 멀리 한강이 바라보이는
죽음 저쪽
어릴 적 모래밭에
팬티 묻어두고 헤엄쳤던
가포 바다를 그렸다

살아갈 암울한 이쪽을 바라보는 강물엔
물고기가 파닥이고
물방개는 물위에 진달래를 그렸지

올해도
진달래는 왜
또 피는지

물푸레나무

가지를 길게 물속에 드리우고
강물의 전설을 귀 세워 엿듣는
밤마다 펴 올린 얘기로
가슴을 흥건히 적신다

천년을 풀어 벌거벗은 알몸으로
다 내어주고도 못다 한 사랑
하얀 왕관꽃 받쳐 들고
마중 나가는 물푸레나무

물오른 가지 꺾어 강물에 띄웠더니
더욱 물이 푸르다
네가 강물에 옷을 입혔더냐
목구멍까지 차오는 녹색 떨림은
물푸레나무의 전설 같은 춤이었더라

봄눈

나무 위에도 자동차 위에도
허방 같은 집을 지었다 그 모습 그대로
형체도 없이 사라질 허방의 둥지를 틀고 있는
신기루 같은 아침의 풍경

나뭇가지 무겁다며
툭 부러뜨려
세상 짐 내려놓는데

목련 매화가지 위
통증의 눈은
먼먼 수도승의 고행처럼
하얗게 눈을 이고

이른 花紋에 들었다

바람

어느 길에도
어느 변방에도 머물지 않는
떠돌다 가는

사람 가슴에만 묶이다
스치고 가는
흔적

그건

바람이 남기는 따뜻한 말

솔비치 호텔에서

3.8선 이정표를 뒤로 하고
오산 해변에 높게 세워진 솔비치 호텔은
중동 부호의 화려한 호텔 같다

북한이 빤히 보이는 이곳
백사장엔 일몰 후 출입금지라는
빨간 경고문이 세워져 있다

지구상에 단 하나 피워 올린 검은 철책
파도는 수수만년 전하고픈 말이 있어
그 경계를 넘어 달려온다

파도가 전하는 말
출렁거림에 다 들어 있는 것 같다
달려와 부서지다 사라지다
다시 철썩 두드린다

꿈쩍도 않는 바위에
파도가 새겨 붙이는 말은
합치라 철썩—
뭉치라 철썩—

바람아

바람도 귀를 접었다는
대관령 산기슭에
모두를 내려놓고 싶은 날 있다

안개비는 소리 없이 옷깃을 감싸고
흔적도 없이 자국을 남기며
하늘로 피어오르는 동쪽 바다 언덕

차갑게 내리는 안개비에 서서
또 하나의 나를 숨기고
아무런 말도 할 수 없었다

사랑했었다고 사랑한다고
목마름의 대답은 안개 되어
저만치 뿌옇게 날아간다

제 3 부

빙어

빙어

— 빙어축제에서

아무것도 감출 것 없이
속살까지 훤히 드러내 놓고
영혼까지 다 드러낸 너를
누가 잡아 왔다더냐

대접에 담겨온 은빛 떨림은
물살을 거슬러 오르려는 습관으로
좁은 대접을 빙빙 돈다

비늘 하나 걸치지 않은
알몸인 너를 고추장에 찍어
통째로 먹는 저들을 보면서

모든 것 보아서는 안 된다
맑은 눈에 세상 때
담지 말고 가거라

투명하게 비치는 네 속을 들여다보는데
문득
세포 하나하나에 박힌 때 절은 나는
저 빙어처럼 깨끗하게 죽을 수나 있을지

사막

태양의 이전부터 사막에 누워 사는
별들의 자식이 있다
한낮의 공허한 허공에 떠돌다
바람의 벗이 되어 내려온다

어쩌면 저들은 저리도
땅과 공중에서 절묘한 운행을 할까
서로의 그리움이 남긴 바람의 연서
회오리 되어 부서져 내린다

아직도 사막의 기슭에 앙상한 발자국들
사뭇, 알 수 없는 상형문자처럼
수많은 나그네의 발자국들이
별처럼 유사流沙 되어 흐른다

무밥

— 인도 캘커타에서

소똥 줍는 아침은 안개로 덮여
해가 더디 뜬다
무가 쌀이 된 하얀 쌀밥
반들반들 윤기나
쌀인지 무인지 분간할 수 없다

엊저녁 끼니로 때운 무밥
이미 똥으로 뒤돌아 나왔다

서낭당에 걸린 아침 해
한 움큼 따서 입에 넣고
물 한 사발 벌컥벌컥 들이마시는
허기진 아침의 사원

작은 얼굴이 흑진주로 빛나도
허기도 절망도 모두 삼켜 소화시키는
배고픈 대륙의 아침을 본다

호명호수

산을 품어 안은 숲의 호수
고요한 호명호수에 내 마음 풀어 놓으면
산의 숨소리조차 들리는 듯, 비로소
엄마의 울음을 듣는다

언제나 닫혀진 물의 파문은 파르르
소리조차 절절했던 그 때
바람이 찾아와 치맛자락 붙들고
이슥하도록 호수길 물동이 나르던 어머니

수면의 떨림은 산천어山川漁
산란을 알리는 신성한 의식이 시작되는
그건, 모든 어미들의 진통이다
호수는 고요한 물에서도
숲에서도 생명을 이어가는 길이 있다

첫눈 이야기

첫눈은
그리움을 견뎌낸
아픔이다

아들이 먼저 떠나
불사르다 추스르다
증발되어 눈물은 이미 날아갔다

2011년 정초에 내린 눈은
팔순이 넘는 그 할머니의 긴
그리움의 발자국이다

사람이 그리워
까만 가슴 풀어놓고 싶어
혼자 다스리다 억누르다
간혹, 본인을 불러달라신다

첫눈 오는 날

당신도 나도
참 막막하다

채마밭 · 1

텃밭 한 귀퉁이에
고추, 상추, 오이, 토마토를 심으려
까만 비닐을 덮으니
내 가슴이 먼저 답답해 온다

비닐을 덮으면 김을 매어줄 일 없어
일손이야 덜겠지만
지렁이가 꿈틀대는 땅속은 마르지 않는
아득한 지심地深이 흐르는 샘물 같다

답답해서 헐떡거릴 뿌리를 생각하면서
검은 비닐 막 걷어내니
내 체증이 먼저 내려간다

살아있는 것에는
바람과 물을 죽이는 장막을 치지 말 일이다

채마밭 · 2

학고 앞 언덕배기 둔덕을 따라
이어붙인 조각 밥상보처럼
다닥다닥 붙은 채마밭에
퇴비를 뿌리고 씨앗을 심는다

지지대를 세우고
모종을 다시 심는데
토마토, 가지, 고추모종은
성질 급한 장맛비에 다 쓸려갔다

옆 밭에 할머니가 보이지 않는다
저 밭에 지지대 세우는 할아버지
내년 봄에도 밥상보 한 귀퉁이 지켜주려나

고추가 익어가는 채마밭에
안간힘으로 지지대에 기대어
간신히 가을을 견디는 노후

내장된 기억

지인의 포도밭 농원에 갔다
진돗개 종의 새끼 한 마리
까만 눈동자, 하얀 털의 백구는
대문을 나와 밤나무 옆 다리를 넘지 않는다

제 한계를 아는지 오가기를 반복하여도
기억 더듬이가 작동하는
마당 끝까지만 갔다 되돌아온다

주인을 따라 나와도
돌아올 기억만큼만 갔다 오는
한 살 백구는 욕심 부리지 않고
제 조상 진돗개를 기억한다

여우개

주둥이가 뾰족해서 여우개라 불리는
여우개 한 마리

제집이 있어도 들어가지 않고
바위 밑 흙구덩이 후벼 파
움막 만들어 하루 종일 들어앉아 있는
여우개를 보며

본래 야성이란 들과 산의 경계도 없이 펄펄 날뛰며
천지사방 짖어대야 하는 게 아니던가

제 새끼 이웃에 주니 밥도 먹지 않고
새끼가 돌아온 다음에야 밥을 먹었다는
모성 강한 여우개

눈만 끔벅거리며 흙구덩이 뒤집어쓰고 있는
여우개 신세지만 제 조상의 야성은 결코
저 같은 복종의 끈에 매이지 않았으리

사나운 얼굴로 빈집의 낯선 발자국엔 짖기도 하지만

발정기가 돌아오면 끈을 헤쳐 마을 개들을 다 거절하고
뒷산으로 가 조용히 흘레를 하고 온다는
일부종사의 지조를 갖는 놈

오늘도
꿈쩍 않고 흙구덩이에 앉아 있는
저 여우개는 아직도 꽃피던 봄을
생각하고 있는지 모를 일이다

문드러진 손

— 소록도에서

밤사이 손가락 하나 떨어져 나간
문드러진 낯선 손이
합장을 한다

보리밭 밀밭에서 아이 잡아먹었다는
그 문둥이가 天刑이라며
모두가 도망갔다던 뭉툭한 손

일 년에 한 번 수탄장에 마주선
母子의 상봉은 행여 천형이 옮겨질세라
바람 막아선 등으로만의 만남이다

빗물에 씻겨 새살이 돋아나길 염원하는
두 손 모은 기도는
수탄장 마주선 모자의 눈물 되어
바닥을 흥건히 적시는데

소리를 감춘 울음이
후두둑 빗소리 되어 떨어지고
밤사이 또 손가락 하나 떨어져 나간다

마애삼존불상 앞의 견공

마애삼존불상 앞 절에서 키우는
개 얼굴은 사나운 여우의 형상이다
저 개를 속세에서 키웠다면 영락없는 사나운 개였을 것이다
찔끔하여 거울을 꺼내어 내 얼굴을 들여다본다

'사납고도 고약한 짐승이
되지나 않았는지'*
심술쟁이 얼굴은 아니었는지

개는 목탁소리에 이미 경전을 다 핥은 듯
득도得道한 스님 같다
어느 경지에 도달하면 감은 듯 실눈 뜨고
먼 세상을 볼 수 있을까
저처럼 주문을 외고
꼬리로 경전을 읽으면 사람이 된다는 말을
오늘만은 믿고 싶어진다

*구상의 '가장 사나운 짐승' 에서 패러디.

잘못 걸려온 전화

고즈넉한 오후
마루를 서성인다

'엄마 엄마 아빠 계셔'
다급한 목소리다
분명 잘못 걸려온 전화다 그런데
'아니요' 라 말하고 싶지 않다

이 얼마 만에 반가운 소린가

이제 바쁠 것도 없고
엄마 엄마 다급하게 부를
목소리도 없는

도시락 싸며 아침을 깨우던
그 시절

'엄마 엄마 아빠 계셔'
자꾸 허공을 맴도는 아득한 메아리

암호

현관문 열쇠번호는 식구 모두가 기억하는
논현동 집 전화번호다 그동안 몇 번이나 바뀌어도
손주들 잘도 열고 들어온다

그런데, 아직 기다리는 한사람 있어
현관문 열어 닫으려다 살짝 미뤄놓는다
발자국 소리 멎은 밤

혹, 모르는 사이 왔다 갈지도
창문도 빼쭉이 열어 놓는다
내 온 장부臟腑를 열어놓은
묘시卯時가 지났는데도

온다던 기약도 없는
희뿌연 새벽
문 앞에 조간신문만
누워 있다

함초꽃

저녁놀
파도 위에 발 내려
눈물로 피워 낸
붉은 가시꽃

성난 파도에 수장되어 간
사공들의 魂이련가
전하지 못한 사연들로
피어난 염전 꽃은
원혼들의 눈물이었네

편히 쉬라 던져준 국화송이
소금밭에 피어오른
그대의 넋
붉게 붉게 피었네

쪽방 불빛

밤마다 가녀리게 새어 나오던
쪽방 불빛도 잠들었나 보다
언제나 그림자 하나가 팬터마임처럼
춤추다가, 사라졌다가 무언극이 펼쳐졌던 쪽방 집

이제
불빛 꺼진 자리 무언극도 사라지고
반복되던 일상들이 떠난 자리에
창밖은 부산하다

철거반 건장한 청년들 틈
황급히 그들이 떠난 자리에
개 한 마리 귀에 익은 휘파람 소리
찾으며 컹. 컹. 컹.
주인을 기다린다

기도

속으로 부르짖는 소리
깊은 밤 귓가 속삭이는데
심연深淵의 골짜기에서
퍼도 퍼도 마르지 않는
생명의 샘물이 솟는다

제 몸 불사르는 촛농처럼
눈물 흘릴 때
수렁에서 손 내밀어
낭떠러지서 손잡아주는
등 뒤 그림자 있기에

환한 햇살처럼
저만치서 손짓하는
내일이 있어

나는
오늘도 무릎 꿇고
제 몸 불사르는
간절한 기도를 드린다

두레박

이른 새벽
두레박을 내린다
깊은 우물 속
물드무*에 한 초롱 한 초롱
채우시던 내 어머니
환영幻影처럼 우물 속에서 어른거린다

한 사발 떠놓은 정화수
항아리 속 어른거림은
무사하라 건강하다
답신이었다

오늘도
희소식 하나 건지려
무심한 두레박을 던져
내린다

물속 흔들림은
한 움큼 보고픔의
편지였으니

*물드무 : 우물에서 물을 길어
다 담아 두는 넓고 큰 옹기

목화송이
– 남한강 기행

'얼굴에 주름도 없는데 왜 할미꽃이냐' 는 글을
만장일치로 일등으로 정하고 강을 따라 걷는다
층층이 나무는 강물에 빠질 듯 서 있어도
나무는 물속에 잠기지 않으며 수행 중이다

타박타박 가을에 터진 목화솜대가
강가의 태양 아래 늘어진 낮잠이다
반쯤 입술 열고 몽글몽글 영근
목화솜대를 집으로 가져왔다

들판이 황량한 사방이 어둑어둑해 와도
어둔 줄 모른 채 막내딸 앉혀놓고
서툰 밭일 했던 엄마를 모셔왔다
목화솜 꽃대를 가져와 화병에 꽂는데 조카 전화다

할머니 산소가 남의 명의로 되어 있단다
그 동네 농지위원들이 무연고 땅이라며 명의를 넘겨 갔다기에
고발하라니, 그들이 측량하지 않았다면 몰랐을 거라며
할머니가 계셔도 그랬을 거란다

제4부

붓

붓

조심스레
안에서 밖으로
가녀리게 날아가 어깨 들어 올려

독수리 날개인 양 힘차게
날개 들어 다시 삐친 듯
달려와 발을 내린다

너는 가지런히 결대로 가자 하고
금시 어긋남으로도 홱 토라져 버리는
먹물에 흠뻑 젖지 않으면 금방
허물어져 버리는 순한 정절의 여인이여

심장의 고동소리 손끝에 흐르지 않을 땐
따라올 듯, 돌아서 버리는
일필휘지一筆揮之를 남길 수 있겠느냐

심장에서 보내는 신호의 혼연일치
붓 끝에 묵향 내뿜으며
너의 생 다할 수 있겠느냐

크신 님이시여

– 법정스님

별빛과 새소리와 한 몸 되어 살아가시던
크신 님이시여
물속에 길게 담긴 당신의 그림자마저
무거운 양 내려놓고
바람소리, 물소리 쟁인 흔적마저 거두시고
魂이 담긴 서적마저 출간을 그만 두라시며
홀연히 떠난 님이시여

'스님 불 들어가요'
이 소리가 들리십니까

당신이 남긴 한줌 재 발아래
벚나무 순이 파란 봄을 틔워 올리는 공중에
바람소리, 물소리로 오시는 하얀 고무신 발자국 소리가
정녕 당신이시옵니까

물이 걸어 나갔다

– 몽산포 썰물

파도가 자박자박 발에 걸리는
물발이 걸어 나간 자리
아침바다 맞이하는 물의 자리에
폐각처럼 떠밀려온
대나무 깃발 하나

검은 천 하나에
정○○
붉은 천 하나에
김○○
수중 혼인식의 영혼이 떠나지 못한
그 옆에 분홍색 슬리퍼 한 짝 앉아 있다

바다와 하나 될 수 없었던
빈병, 맥주 캔, 스티로폼 박스 밀려와
오도카니 앉아있는 아침 바다에
그들은 없고 깃발만 남았다

저 수궁 속으로
들꽃 한 송이 던져 보낸다

이 모든 것들을 밀어내는
물이 차오는 바위섬에 학 한 마리
혼자서 서성대는 아침

바다는 살아있는 것들만 원한다

따뜻한 손

성당 미사 끝나고
계단을 내려가는 노부부
넘어질세라 얼른 손 내밀어
빈손을 잡아준다

계단을 오르내리는 늙은 손들은
다들 맞잡은 손이다
그러나, 뒤따르는
혼자만의 발걸음 있다

난간을 마음 놓고 잡지 못하고
계단에 몸을 붙이고 미끄러지듯 내려가는
물고기가 바위에 매달려
지느러미를 뜨는 모습 같다

만경풍파에 떠 있는 한 척 배처럼
가물가물 떠올랐다
금시 잠겨 버린다

구부정 헤엄치는 저 가느다란

허리 감싸줄 따뜻한 손 어디 없을까

당신은 진정 無所不在하십니까

늙은 참수리 나무

온 동네 풍경을 세포 하나하나에
잿인 흔적이 굵은 나이테로 굳어진다

중길댁의 첩살이 나가 버린 남편도
근친상간近親相姦 목멘 귀신도
당산나무는 기록의 한계를 견디지 못하고
문드러진 까만 속이다

항상 꾹, 다문 입술에 침침한 눈 감은
빈 옆구리엔 시멘트 내장으로 뒤덮인
깊은 상처만 남겨놓고
부나비처럼 달려들던 딱따구리도 떠난 지
이미 오래다

가물가물 막차의 불빛도 비켜간 마을에
먼 길 돌아온, 늙은 서방이
속을 도려낸 나무 아래서 때 늦은 후회를 하는데
상수리 꼭지에 봄을 틔우던 새순이
세월에 썩은 소문만 흉흉하다

선착순 모집

– 천주교 공원묘지 분양

공원묘지 분양 받으러 간 날
모두가 풍수지리학자 되어 안내 도표로
본인이 누울 곳을 미리 가늠해 본다

어젯밤부터 거적 깔고 기다리던 할머니도
우산으로 바람을 막으며 휘청이던 여인도
접수대 앞에서 대기 중이다

야트막한 산이 보이는
잘 닦여진 묘지에 스티커를 붙이는데
묻힐 곳 보러 온 이웃사촌도
얼굴이 선하게 생겼다

맨 꼭대기 층은 덥겠지 하면서 아래층을 정한다
대기표 순번대로 마음에 드는 곳을 정하라니
가파른 계단을 우르르 뛰어 올라간다

죽음 문턱에 와 있는 사람들
죽음을 향해 또
달음질친다

늦은 사랑

친구가
바짝 마른 친정어머니 등을
밀어주고 있다

엄마는 자꾸 얼굴 때를 닦아 낸다
누룽지처럼 굴러 나오는 때 미는 비누로
'얼굴은 밀면 안 된다' 해도 자꾸 밀고 있다

흰 머리 조금만 나와도 염색해 달라는
열 살 연하 남자 친구가 있다는 할머니
딸네 집에서 된장, 고추장 달래서
그 친구 오시면 소꿉놀이처럼
틀니 드러내며 같이 끓여 드신단다

지난 번 들었던 그 할머니 남자 친구
근황이 궁금하여 슬쩍 물었더니
할아버지 사위 사업 문제로
장인 집마저 저당 잡혔단다

아름다운 노년을 위해

오늘도
그 할아버지를 기다리며
할머니는 곱게 머리 빗질하고 있다

살아 있음의 날

홍순자

임시보궐선거 투표일
구순 넘긴 홍 할머니
오늘은 비로소 살아있음을 확인하는 날

보는 이마다 할머니, 하고
부르기도 한다

'순자야' 하며 할머니의
엄마가 마지막 손을 놓을 때 부른
그날 이후
이름을 불러주는 이 없었다는데

어쩌다 투표용지 들고
투표소 나가는 선거날
홍순자 할머니는
이름 한 번 불리우고
살아있음을 확인하는 날이 되었다

무제

허공에서
그가
보고 있다

공허하게
둥둥 떠가는 풍선처럼

죽음과 삶
그 어느 한쪽은 분명히
허방에 서있다

어제

지난 오늘이
어제라는 걸

눈물로 씻어 끼워둔 책갈피에서
너를 찾았다

오늘은 어제를 말리고
지난 오늘이
흐린 눈앞에 다가와 서 있는
오랜 그림자

아지랑이

들길을 가다 지쳐 강물에 발 담그고
논길 걷다 우렁각시 만나
봄소식 전해 주고
훠이훠이 제 길을 간다

봄바람에 취해
좁디좁은 논두렁길에
갈지자 발자국 서려 있는
황량한 들녘은 봄 길을 열었다

잠든 강물 흔들어 깨우고
산수유 꽃등 하나 잣아 올려
아른아른 찾아와 피운 꽃

내 등이 후끈 더워진다

탈

탈 공연을 보러 자리를 지키는 사람들
모두가 탈 하나쯤 가지고 있다
청개구리 보호색인 듯, 가소로운 가면 하나 갖고서
와글와글 속 끓어도 탈 쓴 얼굴 웃음 뒤
성난 얼굴들

대청마루에 앉아 호통 치던 대감을
긴 담뱃대 입에 문 노복이 호령하며
담뱃대 부러뜨려 대감 머리 위 던지고
덩실덩실 춤사위로 밤새 축제를 벌이는
속 시원한 이야기

민民을 위하지 못하는 원님이 무슨 소용 있냐며
탈도 쓰지 않은 얼굴로 동학민들은
어제도 오늘도
네게 물어 왔지 않은가

하얀 개미

법화산 정상 정자 옆
긴 세월 찬비 바람 꿋꿋이 견딘
반질반질 껍질 벗겨진 소나무는
산사의 우직한 버팀목이었다

어느날 꽃샘바람 스친 이른 아침
맥없이 쓰러진 네 모습은
밑동까지 썩어, 바람도
들락날락 하얀 개미집 되었네

잇몸만으로 괜찮다 괜찮다 하시던
엄마 무덤가 하얗게 돋아난
하얀 냉이 뿌리는 엄마 이빨이었다

냉잇국 끓이는
엄마 살 먹고 자란 나도
하얀 개미였네

저승 가면 그 물 다 먹인다

사랑방에 과객들 묵어가라 방 내어주고
방물장수 꿀장수 밤이슬 피해가라
옆방 내어주고도 밥티 버리면
하늘이 노하신다던 당신

물 풍덩풍덩 펑펑 쓰면
저승 가서 그 물 다 먹는다며
빨래 헹군 물에 걸레 빨고
남은 물 마당에 뿌려
먼지 잠재우고 뙤약볕도 잠재웠던
당신이 그립습니다

쓰레기통 뒤지는 허기진 그림자
수돗물로 배 채우며 공원을 서성이는데
수영장 대중탕에 더운 물 철철 넘치는
수도꼭지 슬며시 잠그며 '저승 가면 그 물 다 먹인다던'
그 말씀이 그립네요

입원실의 풍경

– 분당제생병원에서

6인실의 초췌한 할아버지 모습
이미 등창은 나 피주머니 한 짐 지고 있다
그래도 정신은 맑아 냄새를 스스로 맡아 본다

자식들에게 보이지 않으려 안간힘 써 보지만
꼼짝할 수 없는, 숨 쉬고 있으나 송장과 다름없다
아들이 퇴근해 오면 서로 바라만 볼 뿐
대화를 잃은 지 이미 오래다

창 너머로 잎 떨군 은행나무 휑하니 서 있는데
이따금 새들만 흔들고 간다
욕심인 줄 알면서도 새싹 틔울 봄날을 가늠해 보며
가지 끝에 소생蘇生을 빌어 보는데
새들은 제 날개를 부비려 다시 날아들 것인가

흔들리는 마지막 초점을 맞추고 있다

은행나무

삼촌이 계시는 노인병원 가는 길에
머리 위 낙엽이 휘익 내려와 앉는다
서기관으로 별따기보다 어렵다는 상록훈장을 받아
가문을 빛냈으며, 냉철한 판단으로 찬바람 일어
차마 가까이 갈 수도 없었는데, 그 총총하였던 기억은 어디 가고
은행나무가 노란 옷을 벗어 놓듯 기억 하나하나 내려놓고
떨쳐내지 못한 지난 일들이 꺼이꺼이 양로원 벽을 넘고 있다

양로원 뒤뜰에 은행 알 줍는 늙은 손이
가을을 주워 담고 겉옷 한 겹 더 걸치며
내년을 기약하는 실낱같은 끈을 놓지 못한다
모두 내려놓으라는 듯 은행 알 툭
요양원의 은행나무는 무거운 짐 털어낸다
툭. 툭. 툭.

두 눈만 멀뚱히는

교통사고로 주인 잃은 오토바이
번뜩이던 두 눈은 초점을 놓아버린 채 꺼벙인다
그 날선 위용 어디 가고 퀭한 눈으로
흐릿한 방울눈에 멀뚱멀뚱
날개를 접은 오토바이야

아직 안장 위에 온기 남아 있어
날아가던 새 죽지접어 쉬어 가는데
네 등허리 내어줄
주인을 기다리고 있구나

오토바이 시동 거는 소리가
먼 소실점처럼
부릉부릉 멀어져가는 소리
들리는 듯하다

제 5 부

검은 가시꽃

흔적 하나

나뭇가지 앉아서 무수히 썼던
새들의 울음이 나뭇잎에 박혀
풍경화로 남았다

새들이 남기고 떠난 자리에
붉은 발자국 한 점 한 점이
가을을 굽고
쪼아대던 부리는 낙엽 위에
시 한 수 썼다

햇볕 시린 계절에
훔치고 싶은
저 농익은 시 한 수
어디로 날아갔는지

가을 하늘에 명료하게 비친
단풍나무 한 그루
익어가는 가을 흔적

검은 가시꽃

– 비무장지대에서

단 한 송이, 검은 가시 위에 핀 꽃
총성이 멎은 산등성이에
사람의 피를 먹고 핀 꽃
철책 넘어 밤에 사랑을 나누고
아침이면 사라지는 꽃

전쟁터 나설 때 뱃속에 있던 아이
언덕배기로 달려온 백일 사진이
부자의 첫 상면이었다
금화계곡 막사에서 몇 자 쓴 편지는
끝내 유서로 남겨졌다

한 병사 GOP에 서 있다
밤마다 둘만의 사랑을 나누고
아침이면 흔적도 없이 사라지는 아버지
뼈 한 점 찾아 고향으로 가자 해도
철책 넘지 못하는 금화계곡의 검은 가시꽃
한 송이 따와 합장合葬을 한다

60년이 흐른 뒤 아담의 뼈 찾았다

뒤안길

— 영남루 누각에 서서

저녁노을 사위어 가는 누각에
다 타지 못한 詩題 '산 돌' 이
느려서 돌아가기를 좋아하는 노송과
영남루 누각에 걸려 있다

남천강 사위는 강물에 발을 내리지 못하고
서성이는데, 아랑의 혼들이 물 위에 떠가고
먼 길 돌아온 여정이 강가에 서 있다

오십여 년 전 백일장 열렸던 누각 아래
강물은 한 치의 오차도 없이 흘러가는데
땅과 하늘의 운행에 점 하나 찍고 싶다

남천강 물은 오늘도 유유히 흐르는데
해묵은 질곡들이 쉬었다 가는
'산 돌' 이 발길을 잡는다

바람의 풍경

강릉항 솔바람 다리 밑
강물에 투망 던지는 어부는 물고기와
시시딱딱이놀음* 하고 있다
떼지어 올라오는 어로에 서서
경포길 파수꾼 노릇을 한다

순간, 찰나의 한 점을 던지는 어부는
투망으로 물살을 가르는 저승사자 같다
누가 이 물에 칼을 댈 수 있겠느냐
물고기는 쏜살같이 달아난다

다리 위
빛의 칼잡이 사진작가도 투망 던지는
순간의 빛을 잡아 올린다

짠물과 민물이 몸 섞어 넘나드는 경계
짠물이 올라오면 민물은 멈춘다
한순간
찰나와 찰나의 겹침이 안고 넘어지는 침잠
솔바람 다리 밑 풍경

*시시딱딱이놀음 : 강릉 단오제에 행해지는 탈춤놀이의 한 종류

동강시스타에서

굽이굽이 초록으로 흐르는 동강
그리고 서강
어제의 강물이 옛 빛인 줄만 알았더니
물이 아침을 여는 그 속엔
산이 있어 푸르네

모래톱마다 화폭을 담고
황새 한 마리 날아와
덧칠을 한다

강변에 소주병, 담배꽁초 두개
이슥한 강가에 누가 와서
아픈 가슴 풀어 놓았나

혼자서는 그릴 수 없다는 한 장의 산수화가
산의 깊은 울음인 것을 내 미리 알았다면
녹색 물감은 준비하지 않았을 것을

강물이 받아든 그림 한 장
미명에 수채화 한 폭
안개처럼 피어오른다

청령포

무슨 억하심정으로
어린 임금을 노산군이라 앉히더니
그것도 모자라 청령포에 가두었나

강물에 쏟아놓은 마음 한 자락
서강은 끄으극 목에 걸려
흘러가지도 못한다

뉘라서 사람 아닌 금송한테 큰절 받으랴
나룻배에 구름 담아 강물 위 띄워놓고
피라미 동무하고 소리 없이 살려 했다

오늘
빈 나룻배는 주인을 기다리고
구부린 슬픔을 강물이 다독인다

동강이여

청령포 강물 에돌아 돌아
노산군 애끊는 소리 잦아들고
삿갓 기침소리
바람소리 새소리 안고 도네

태백산 흘러흘러 달려온
어라연漁羅淵
바람 따라 물 따라
절벽에 닿으면 휘돌아
꿈 한 자락 안고 가네

누가 태백의 정기 끊으려느냐
거기, 그대로 두어라
손수건 한 장 꺼내
단종의 혼 덮어주고
東江이 흐르고
나그네도 흐르고

굽이쳐 굽이쳐서 힘차게 흐르거라
슬픔이 흐려지도록

새만금 방조제

물은 떨어진 곳에 과녁을 만들어 놓고
물의 문을 닫는데
실직한 가장이 난간에서 떨어졌다

물엔 어떤 것이 떨어져도 적중한다
슬픔도 죽음도
화살의 명중처럼

파문처럼 들리던 소음도 끌어내리고
바다도 아닌, 강도 아닌 둑 안에서
제방 너머 출렁이는 바다를 그리워할 뿐
갇힌 물은 저 혼자 일렁이다
흩어졌다 밤을 맞는다

간혹 수문으로 살아있는 파도가 들어와
아직도 살아 숨 쉬는 조개들과
수면에 적중했던 것들을 다독인다

갇힌 물은 한계를 아는 듯
제 스스로 몸을 말리며
방조제란 지도 하나 그리고 있다

손

엄마손 잡은 아이, 아빠 차에서 내리는
아이들 속에 십오 층의 융이가 걸어온다
이른 운동장에 혼자서 공을 차는 아이도 있다

학교 앞 텃밭 오이넝쿨은
지지대나 끈을 꼭 잡고
허공에다 키를 재면서 올라가는데

융이는 조부모와 아버지와 같이 산다
아이 엄마는 아무도 본 적이 없다
다섯 살 무렵 이사와 어느새 육학년이라며
제법 사내 티가 난다
그의 해맑은 눈 속에 그늘이 보인다

'저, 이번 일요일에 엄마 만나 에버랜드 가요'

하는 순간 아이의 까만 눈은 모처럼 반짝한다
엄마를 만나는 날은 한 달을 기다린단다
열손가락 다 물어뜯은 손을 모두어
꾸벅 인사를 하고는
아이들 속으로 사라진다

바위 위의 生

지리산 칠선계곡 앞
넓적바위 위에 어디에서도 볼 수 없는
분재 같은 나무 하나 심겨 있다

철사로 꽁꽁 묶지 않아도
위아래 칼질하지 않아도
웃자라지 못한다

바늘 하나 파고들 수 없는 틈새
발 하나 들이고 내딛을 수 없는
그 절박 위에 생을 걸고 틈을 파고들었다

어찌 발 내릴 수 있었더냐
어디에 발을 내딛을까

씨방 같은 빈집에
꽃씨 하나 툭, 떨어진다

내 어디를 말려서
너를 키울 수 있겠느냐
달빛 밝은 곳에 뿌려
길을 내주고 돌아선다

도파민 사랑

– 6.25전쟁 다큐멘터리를 보면서

북녘 고향 눈앞에 두고
강원도 산골짝 떠나지 못하는
촌로의 영원한 도파민 사랑
온몸 마비된 아내의 수족 되었다
혈혈단신 남하한 키 작은 청년에게
시집와준 색시가 고마워 스무 해를
중풍 맞은 아내의 손발 되었다

휠체어에 실린 사랑덩이
읍내 사진관 렌즈 속 비친 그녀는
할아버지 눈엔 오십 년 전 고운 색시다
손 하나 까닥할 수 없어도
연신 빗으로 눈이 가는 그녀를
가지런히 빗어주고
단발머리 볼에 입 맞추며
예쁘다, 예쁘다 한다

눈앞에 둔 고향을 그리워하며
소주잔에 꽁치 한 토막 놓고
북녘 하늘 바라보며 할머니와 마주보는

금실 좋은 사랑이여
할아버지 도파민 사랑도 어룽하다

비닐하우스 속 칠남매

– TV속 칠남매

전깃줄 타고 방안에
물방울 댕그렁 댕그렁 맺혀 있다
비닐집 떠내려 가려나
물고랑을 내어주고
아버지는 잠을 설친다

외롭게 자란 탓에 칠남매나 낳았건만
교통사고 난 남편 두고 아내가 집 나갔다
공장 다니다 온 맏딸에게
큰 맘 먹고, 조류 인플렌자 통에
팔리지 않은 암탉 잡아
아버지 표 닭볶음에
칠남매 숟가락이 바쁘다

아버진
집나간 둘째 딸 생각에
눈시울이 뜨겁다
사진 속 아내를 기다리는 아빠에게
여섯 살 막내는 엄마가 보고 싶지 않단다
학교가 파한 오후 오두마니 앉아서

얼굴도 아른한 엄마를 부른다

피아노라며
양철 판에 팅팅 탱탱
도레미파솔라시도를 두드린다

이담에 방송국 나가 노래 부르면
엄마를 만날 수 있다고
양철판에 팅팅 탱탱 연주를 한다

줄돔

– TV 다큐멘터리를 보면서

암컷이 토해놓은 알을 받아 문 줄돔 수놈
입을 다물지도 못한 채 알을 나른다
식음을 전폐하면서 알을 부화시켜야 하는
부성이 깊은 바다 풀섶까지 진하다

줄돔의 부화는 생명을 건, 숙명 같은 투쟁이다
입은 다 헐어 다물지도 못한 채 알을 지키는데
어느새 깨어난 치어 떼 아비살 다 뜯어 먹어
앙상하게 떠오른 아비의 등뼈 타고
그네인 양 파도에 넘실거린다

금정산* 누각에 목맨 시신은
큰딸 대학입학금 마련하지 못한 죄목으로
차갑게 등뼈를 내렸다

아비의 죽음은 그 대학 호의로
4년 장학증서로 돌아왔다
딸들의 곡소리는 피라미 치어 떼 되어 훌쩍이는데
한 사람이 살고
한 사람이 죽은 것에 불과했다

*금정산 : 부산 동래구에 있는 산.

로드 킬

— 다큐멘터리를 보면서

함양길 섬진강
달리는 차들 틈에 은빛족제비
길 건너 먹이 물고 오다
새끼들의 애탄 기다림 놔둔 채
로드 킬 당했다

사체死體 한 상 차린 수리부엉이
달려드는 차에 눈부셔 날지 못하고
최후 만찬을 끝낸다

삵은 쥐 물었다 던졌다
성찬 앞에서 회심의 미소를 짓는데
두꺼비, 자라, 느림보 꾼아
옛 집일랑 잊어버리고 거기 살아가거라

남생이 등가죽 터진 채
도로 위 나뒹굴고
고아 된 고라니, 수달이 엄마를 기다는데

굳게
섬진강 동물길이 막혀 있다

슬픈 가을
– 법화산에서

알밤 한 알 툭, 도토리 한 알 토닥 떨어지면
참다람쥐 오지요

청설모 횡포에 힘 부쳐
쫓겨 간 다람쥐
사람들이 도토리마저 훑어간 겨울산
어디서 무얼 먹고 살았느냐

누런 몸통에 검은 꼬리가
웬말이냐
알록달록 줄무늬 어디 가고
남의 옷 걸쳤느냐 요상스럽다
혼혈 다람쥐

너도, 사는 것이 로드 킬
건너기보다 더 힘겹더냐

제주 덤장

정치망 들어와
제집인 양 바다의 냄새를 맡는
눈먼 어씨

넓은 바다의 꿈을 포기한 듯
들어올 땐 쉽게 물살 따라 왔는데
이제 어망 나가기를 포기한 듯
한 장 한 장 비늘을 접어며
덤장 안에서 물살을 가른다

저놈은 시한부 삶도 모른 채
저의 한계를 알지 못하고
아가미를 뻐끔이며 춤을 춘다

할닥거리는 아가미의
잘 익은 춤은 싱싱한 덤장 한 상床
제주의 입맛 따라 올라온다

귀에 익은 듯한 육지의 사투리로
밥상을 내온 아가씨도
정치망 속에 들어온 지 오래란다

메생이

— 청산도에서

어판 한구석 파리하게 누워 있는
바다 속 갈대였을 메생이
청보리 순처럼
곱게 빗어 내린 바다의결 같다

달빛과 파도에 삼단 같은 머리채를
감은 바다의 결
갈대였으나 한 번도
가을을 만나지 못한 너

창唱을 먹고 자란 청산도
청보리 순같이
한恨의 노래를 부르고
바다의 혼이 너를 춤추게 했었나

해일 일어 너의 머리채를 잡아도
바다 속 초록빛 잠을 깨우고
녹색 촉수의 알을 품은 너는
바다의 최초 부드러운 손길이었다

제6부

나시까 사막

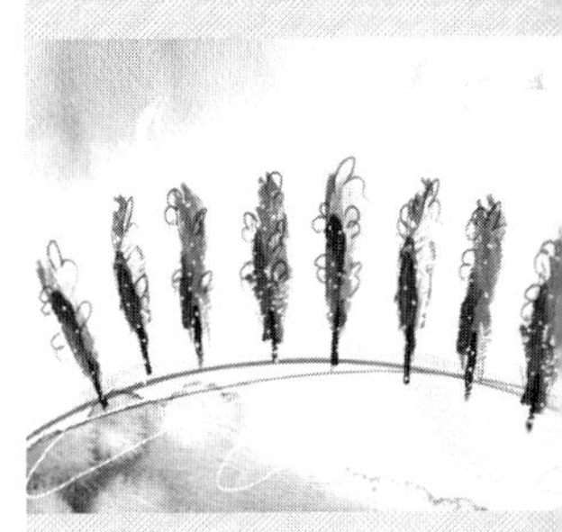

멕시코 칸쿤

— 카리브海의 해오름

'본 자도 말을 못하고
못 본 자도 말을 못한다*' 는
중남미 카리브海 해오름을 보면서
방랑의 내 영혼 내 모든 짐 부려놓고 갈 작정이다

어젯밤 보았던 석회석 하얀 포말의
밀가루 같은 사막 한가운데
아직 뼈처럼 깎아내지 못한 돌들이 걸러지고 있는
끝없는 백사장에 내 영혼은 밀랍처럼 말라든다

석회석 고운 모래를 펴와 만든
인공의 백사장
파도가 모래를 삼켜 버린 해변에
깎이고 깎이다 남은 석회석 잔돌이
따끔하게 발바닥 찌른다

부드러운 모래 속에도 진물 나는 옹이는 있는 법
이건 떠나보내지 못한 지구의 옹이 하나
뜨끔한 아침을 맞는다

*유홍준의 중남미 여행기에서
패러디

나스까 사막

바람의 춤
모래가루 사방에 흩날린다
아니, 나스까 사막은 바위의 아픔
물을 기원한 잉카족의 눈물이었더라

안데스 지류地流 따라
휘갈겨진 무수한 화폭들
그 위 원숭이가 그린 낙서 한 장
새들의 발자국 사람 人자
사막의 숨소리 헛헛한데
'마리나 라이헤*' 여
당신의 9개 손가락과 원숭이 9개 발가락은
우연의 일치였더냐, 나스까 사막을 떠나지 못하고
풀리지 않는 수수께끼 찾아 50여 년을 헤맨

바람이 지우고 또 그리는 나스까 사막은
바람의 일필휘지一筆揮之다

*마리나 라이헤 : 독일의 수학자, 철학자이며 50여년을 나스까 사막을 떠나지 못하고 연구하다 손가락 하나마저 잃었다.

하바나

체게바라여!
가우초, 대팜파스의 평안을 버리고
혁명이라는 기치 아래 피델 카스트로 형제와
네가 생각하는 공평한 사회를 만들고도 싶었겠지

하바나 골프클럽 우정의 시합에서 네가 이겼고
기사를 보도한 기자는 해고되고 그 코스는 몰수하여
군사기지로 바꾸어 버리는 것이
네가 목숨을 건 혁명이었지

'하바나 시가' 물고 골똘히 생각해 보거라
동지 카스트로의 배신은 또 다른 배신을 불러
이국땅 볼리비아에서 너의 생은 암살로 끝을 맺었지

체게바라여!

쿠바행 기내에 앉으니 의자가 벌렁 나자빠져 있고
화장실은 60년대 스텐 세면대 한 조각 갖다놓았다
막대기에 끼여 있는 두루마리 누른 화장지며
기내에 소독연기 같은 것이 푹 하고 솟아올랐다

그것이 무슨 연기인지 우리는 알 수 없었고
아무도 물어볼 수도 없었다

스페인과 미국이 남겨놓은 건물들과
열대 숲은 다 그대로 인데 냉기가 흐르고
건물의 벽돌이 금방 떨어질 것 같다
체제가 뭔지 달러$도 받지 않는다는 이념의 산물을 보면서
체게바라에게 묻노니

여기가
네가 목숨 건 낙원이냐

모래의 춤

— 나스까 오아시스에서

모래가 토한 눈물이었더냐
사막은 아픔을 속, 속으로
삼킨 모래의 수정체
그들의 합창이다

뱀의 혀보다 더 빨리
날름거리는
모래의 춤 별들의 노래다
어찌 노래와 춤만 있었겠느냐

지난한 아픔의 알갱이들
달빛에도 부서지는 낙타의 사랑
마른 눈물 결정체는
어느 여인의 동공 속에서
출렁거리며 울고 있을 뿐이다

바람의 장막은 잠에서 깨어나지 못하고
저들이 밤새 눈물로 적신 사막의
소통되지 못한 아픔들을
사람들은 오아시스라 부른다

담장에 선 작은 아이야

— 리마 한정식집

아이야 눈을 감아버려라
차라리 보지 말거라, 문명의 세계를 알지 말거라
너와 다른 이방인을 맞이하며
서투른 말 '어서 오세요' 보다
차라리 웃음을 보여라
길거리에서 덤블링하던 너를 데려왔었다지

모래사막에 수숫대 세워 지붕도 없이
하늘을 이불 덮고 잠자던 아이야
북대서양 남태평양이 만나 안개 자욱한 하늘에
별도 볼 수 없어, 꿈도 키울 수 없었더냐
주술 같은 언어로 살아가는 아이야
그것이 진정 지구를 지키는 바람이었으면 좋겠다

겁에 질린 듯
눈이 맑은 아이야!
아무것도 두려워 말거라
너의 방식대로 살아가거라
네가 내 눈에 자꾸만 밟힌단다
내가 내미는 건 1달러$ 이것뿐

아이야…

쿠스코(Cusco)

해발 3400m 고지 숨이 턱턱 막혀 온다
나무 한 포기 자랄 수 없는 이 땅에서
해가 뜨면 태양신을 믿고, 무지개가 뜨면
일곱 빛깔 신을 믿으며 살아온 이들
잉카제국 왕궁이 부서진 그 자리에
성당이 세워져 있다

제국주의 스페인아
중남미를 다 점령하고도
또, 남의 땅이 필요했더냐

눈 맑은 잉카소녀 따라 산길을 올라서니
산중턱에 펼쳐 놓은 노점에서
한 올 한 올 짜진 앙고라 쉐타를 샀다
눈 맑은 아이가 주라는 대로 값을 다 주었다

소녀와 팔짱을 끼고 산을 내려와
2달러$를 주고 버스에 오르는데
상인은 그 아이의 아버지였다

어여쁜 아이야!
누가 그 상술 가르쳐 주더냐
네 눈 속에 더러운 세상 때 담지 말고
맑은 하늘빛만 담거라

조상이 섬겼던 태양신 섬기며
문명의 세계 보지 말거라
태곳적 그 모습대로 살아가거라

마츄피츄(Machupicchu) 잃어버린 도시

600년 삶 놔두고 사라진 공중도시
나라 잃은 나그네 하늘 길 따라 가다
누구도 찾을 수 없는 이곳에 발을 쉬었다

자연의 태양인 잉카족이여
게으름 부리지 말 것 거짓말하지 말 것
도둑질하지 말 것
하늘도시에 이런 좌표가 필요하였던 것이냐
태양의 처녀들, 걷지 못하는 노인들
묘지에 묻어두고 공중도시 비밀 지키려
제 2의 잉카제국 찾아 떠난 텅 빈 마츄피츄 계곡에
새들만 목을 축이고 있다

'하이램 빙엄'*이여 이 고요를 깨워야만 했었나

*미국의 역사학자이며 구전으로 내려오는 것을 토대로 우르밤바 강 밀림에 가려 하늘에서만 볼 수 있는 험난한 마츄피츄를 발견하고는 기어서 올라가 찾았다.

이과수(IguAzú) 폭포

300개가 넘는 저 물줄기

아마존의 눈물이었더냐
아마존의 춤이었더냐
쏟아져 내리는 저 광란의 물보라
마음 한 자락 폭포에 흘려보낸다

물은 물의 눈물을 만들고
춤추다 추다 쏟아 내리는 물보라
무지개를 만들고 구름을 만든다

삶이란 울기 위한, 살기 위한 흐름인지
엄마 뱃속부터 첫울음 울고 나오지 않았던가
태고의 흔적, 이과수 폭포는 운다

네가 후련해질 때까지
더 크게 울어라
지구가 식어질 때까지

아마존 기슭

아마존 숲아
너의 신비한 자태
보이지 말거라
새들이 따먹은 이름 모를 열매
그 똥에 다시 새싹을 틔우는

아무도 심지 않고 거두지 않아도
너는 싹 틔우는구나

창조의 신비감은 흐릿하고
래프팅한다며 강기슭을 깎아도
아마존은 크게 울지도 못한다

끝내 사산한 아이 하나
뜨거운 지구를 낳을 뿐이다

악마의 목구멍

넓이 5킬로미터 낙차 10킬로미터
저 거대한 물보라
악마의 목구멍

저기 아주 작은 텃새 한 마리
폭포 밑 바위에서 날고 있다
푸른 아마존 숲 놔두고
거세게 흐르는 물살과 맞서
바위틈에 집을 지었다

저 광란狂亂
넋놓고 바라볼 뿐인데
지구를 삼켜 버릴 것 같은 물줄기
무엇에 그리 화가 났단 말이냐
너를 감히 근접도 할 수 없는
악마의 목구멍 앞에서

아마존에게 묻노니
나의 사후를 너의 품으로
받아줄 수 있겠느냐

레꼴레타 묘지

불꽃처럼 살다간 에비타여
팜파스 농원에서 쫓겨난 설움
가난한 자의 비애를 안 당신
국고를 열어 복지정책을 편
퍼스트레이디 당신의 묘비에
오늘도 방문객이 끊이지 않는구려

오늘도 빵을 달라 피켓 든 시위대가
공짜를 요구하고 불안한 치안으로
담장과 대문은 창살로 감옥 같구려
에비타여 당신이 꿈꾸는 나라는
이 지구상 어디냐

지금도 손을 벌리며
당신의 선한 뜻은 국민을 놀고먹는
게으름뱅이로 만들고 말았구나

네 나라에선
로댕의 생각하는 사람도 어떻게 하면 놀까
어떻게 하면 임금을 올려 받을까
생각한다네

북촌 한옥마을에 가서

어!
체게바라여
얼마 전 하바나에서 본
저 친구
네가 물고 있는 시가도 쓰레기 된 지 오랜데

이곳
금방 대문이 열릴 것 같은
북촌 한옥마을에
네가 버젓이 서 있다니

무장간첩 떼로 몰려들어
한바탕 역사가 벌어진 북한산 바위에
아직도 총알자국 선명한데
혁명에 살고 혁명에 죽는다던 너
북촌 입구 카페에서 너의 모습을 보니
내 간이 콩알만해진다

바위 뚫기보다 어렵다는 심장을 파고 들어와
벌건 대낮에 서있는 너의 정체는 무엇이냐
경고하노니 또 하나의 이념으로 이 땅을
혼란에 빠뜨리려 하지 말거라.

작품해설

청정한 마음을 통한 서정의 노래

— 이희숙 시집 《꽃은 참 아팠겠다》의 시세계

성기조
(시인, 한국문학진흥재단 이사장)

1.

요즘 우리 사회에서는 시가 몹시 푸대접을 받는다. 시를 공부하려는 사람들이 없고 시를 쓰려는 사람들도 점점 줄어간다. 이 말은 시가 우리들의 삶에 큰 영향을 주지 않는다는 말과 같다. 세상이 모두 실용주의적 경향으로 흐르면서 편리하고 부유한 삶을 영위하려면 과학과 손을 잡아야지 시와 친숙해지면 아무 힘도, 아무런 도움도 받을 수 없다는 생각이 팽배해졌기 때문이다.

미국의 세계적인 부자 빌 게이츠는 "리버럴 아츠(liberal arts) 교육을 중단하고 직업과 관련된 전문교육을 강화하라"고 말한다. 리버럴 아츠는 문학, 언어학, 철학, 역사학, 수학 및 순수 자연과학을 의미한다. 소위 인문학을 대표하는 이런 공부를 계속하면 부자가 될 수 없다는 생각이 지배하게 된 세상에서 시는 한낱 무용지물에 속한다. 시가 밥이 안 되는 세상이 온 것이다. 시를 읽고 공부하는 사람이 없는데도 시인들은 존재한다. 밥이 안 되고 배고픈 줄 뻔히 알면서도 시를 쓰는 사람들이 있다.

시원한 바람이 부는 냇가나 웅덩이에서 낚시질을 하는 사람들이 있다. 우리들의 삶에 전혀 도움이 될 것 같지 않는 낚시질이 아주 옛날부터 있어 왔던 것처럼 시도 시인도 그렇게 존재할 것이라고 나는 믿는다. 아무 소용이 없는 것같이 보이는 낚시질이 그래도 좋은 수확이 되는 법을 터득한다면 시는 계속 발전할 것이다.

2.

이희숙의 시를 읽으면서 삶의 편의와 다량소비만을 행복으로 아는 사람 다시 말해 돈만을 좇는 DNA를 가진 사람들과 인문분야의 으뜸예술인 시를 공부하는 두 가지 부류의 사람들이 악수하는 세상을 생각해 보았다.

리버럴 아츠와 테크놀로지가 적당히 융합하는 세상이라면 비정하게 발전하는 세상을 인정이 넘치는 살맛나는 세상으로 만들 수 있겠다는 생각, 그런 생각이 시를 널리 퍼지게 만드는 게 아닐까? 리버럴 아츠와 결합한 기술이 세상을 지배하게 되면 시인도 숨통이 트일 것이란 생각은 나만이 아니라 여러 사람이 가져줘야만 한다. 그 기술이야말로 인간의 근본을 저버리지 않기 때문에 시의 설 자리가 있고, 우리들이 가슴을 열고 노래하게 될 것이다.

밤마다 가녀리게 새어나오던

쪽방 불빛도 잠들었나 보다
언제나 그림자 하나가 팬터마임처럼
춤추다가 사라졌다가 무언극이 펼쳐졌던
쪽방집

이제
불빛 꺼진 자리 무언극도 사라지고
반복되던 일상들이 떠난 자리에
창밖은 부산하다

철거반 건장한 청년들 틈
황급히 그들이 떠난 자리에
개 한 마리 귀에 익은 휘파람 소리
찾으며 컹 컹 컹
주인을 기다린다

―〈쪽방 불빛〉 전문

스산하고 불행한 일이 눈앞을 가린다. 그야말로 올데갈데 없는 삭막한 세상을 그려내고 있다. 철거민이 떠난 자리에서 혼자 사는 개 한 마리, 6.25 때 오빠가 겪었다는 이야기를 생각하면서 휘파람 소리가 등장하고 극적인 장면까지 설정되어 있다.

피난길에서 돌아온 오빠는 전쟁의 와중에서 폭격에 죽은 시신을 뜯어 먹으며 살던 개가 주인(오빠)의 휘파람 소리를 듣고 돌아왔다는 이야기를 들려주었다. 사람이 살 수 없는 도

시에서 유기된 개의 불행(6.25의 체험) 과 도시계획에 의하여 쫓겨나다시피 이주해야 하는 이주민들, 그리고 '철거반의 건장한 청년' 들에 의하여 산산이 부서져 내린 폐허를 보는 이희숙의 눈은 '어두운 세상' , '삭막한 세상' 만 그대로 보고 있을 수 없었을 것이다. 〈쪽방 불빛〉의 탄생은 이런 아픈 상처를 그대로 넘길 수 없어서 쓰여진 수확이다.

번화한 은행 앞, 좌판 하나 가지런히
깻잎, 호박잎 한 자루 가득 펴 놓고
중절모 쓴 할아버지 반무릎으로 앉아 있다

새벽부터 한 묶음, 한 묶음 묶었을
푸른 푸성귀 단엔 할머니의 매운 손끝이
단단히 숨어 있는 매듭이 보인다.
…(중략)…

항상, 당당하게 살아오신 할아버지
당신으로 끝나지 않았으면 좋겠습니다
내년, 후년에도 그 자리
꼭 지켜 주셔요

–〈그 모습〉의 일부

사람이 살아가는 데는 '사는 재미' 와 '지혜' 가 있어야 한다. 그 중에서도 가정을 꾸려나가는 데는 권위가 필요하고 가장으로서의 도리도 필요하다. 비록 푸성귀 장수를 할망정 권

위를 지키며 당당하게 살아가는 모습이 이희숙의 눈에 들어온 것이다. 은행 앞, 좌판에 가지런히 놓인 깻잎, 호박잎을 펴 놓고 파는 할아버지의 당당한 모습이 이 시를 읽으면 보인다. 중절모자까지 쓴 할아버지는 '덤으로 더 달라는 이에게' 는 콜마트에 가보라고 호통까지 친다. '항상 당당하게 살아오신 할아버지/ 당신으로 끝나지 않았으면 좋겠습니다' 로 이어지는 이희숙의 간절한 소망은 '내년, 후년에도 그 자리/ 꼭 지켜' 달라고 부탁한다. 세상 살아가는 여러 가지 모습에서 모든 것을 선량하게만 보는 이희숙의 염원이 드러나 있다.

낮고 어둑한 지하도 한 켠
허름한 좌판을 깔아 놓은 노파는 항상
손녀와 같이 앉아 있었다
…(중략)…

푸른 봄날 뽕잎을 먹은 누에가 길고 긴
누에실로 둘의 생을 둘둘 말아
딱딱한 누에고치처럼 든든한 요람이 되길
나는 얼마나 기원했는지
…(중략)…

이듬해, 혼자 앉아 있는
손녀의 좌판에 달래, 냉이, 장다리 꽃 위로
흰나비 한 마리 날고 있었다

—〈누에 같은 손〉의 일부

할머니와 손녀를 연상해야 이 시의 본 뜻을 맛볼 수 있다. 푸성귀 몇 다발을 파는 할머니에게는 '뽕잎을 갉아 먹는 누에' 같은 손을 가진 손녀가 있다. 그 소녀는 할머니의 젖을 만지며 어머니를 그리워한다. 세월이 가면 푸성귀 장수로 벌은 돈이 '누에가 길고 긴/ 누에실로 둘의 생을 둘둘 말아/ 딱딱한 누에고치처럼 든든한 요람이 되길/ 나는 얼마나 기원했는지' 모른다는 대목에 이르면 누에고치처럼 단단한 집도 장만하고 잘 살기를 기원했었다.

그러나 이듬해 보니 할머니는 없고 '그 아이가' 좌판에 달래, 냉이를 펼쳐 놓고 팔고 있었다. 할머니는 세상을 떠났고 '장다리 꽃 위로/ 흰나비 한 마리 날고 있었다' 란 구절은 할머니의 혼백은 이미 흰나비가 되어 장다리 꽃 위로 날아다닌다는 슬픈 상상으로 끝을 맺는다.

사랑과 연민, 인간의 모진 인연을 이희숙은 '흰 나비' 로 바꿔 놓는다. 보들레르의 말이 생각나는 대목이다. '기쁨이든 슬픔이든 시는 항상 그 자체 속에 이상을 좇는 신과 같은 성격을 갖고 있다.' 이 말을 생각하면서 〈누에 같은 손〉을 읽어야 한다. 이 시에서 이희숙의 최상의 행복, 최선의 정신을 엿볼 수 있다.

살아가면서 느끼는 자각, 자각이 크면 클수록 삶의 기쁨은 크게 마련이다. 살아가면서 느끼는 인정, 그리고 갖가지 삶 속에서 자각하려는 노력은 지혜가 뒷받침되어야 한다. 이 시의 마지막 구절 '흰 나비 한 마리 날고 있었다' 의 고독한 처지가 삶과 죽음을 선명하게 설명하고 있다. 삶의 재미는 고독과 즐거움, 사랑과 증오, 믿음과 배신, 죽음과 이별 등이 교차

하는 혼란스런 상황을 극복하고 바르게 살아가려는 노력에서 찾아야 한다. 이희숙은 이러한 체험을 시로 소화하는 재주가 있다.

3.

이희숙이 즐겨 다루는 제재는 사랑과 고독, 막힘과 순환, 생명과 죽음, 그리고 여자 특유의 모성애에 관한 것들이다.

사랑은 영원히 미완성인 것을 완성으로 만들어내야 되기 때문에 무척 힘들다. 고독은 고독하다고 느낄 때 이미 그것은 고독이 아니란 말과 같이 종잡을 수 없는 것이다. 그러나 인간은 산다는 것 자체가 고독에 갇혀 있음을 알게 된다.

막힘과 순환은 끊임없이 돌고 도는 것, 인체에서 피돌기가 멈추면 생명은 끊긴다. 끊임없이 되풀이 되어 돌아가는 혈액순환, 혈관이 막히면 죽음이듯 호흡이나 생각이 막혀도 죽음에 이른다. 우리들의 삶에서 막힘을 뚫는 순환이 바로 생명이며 삶의 기본이어야 함을 이희숙은 그의 시에서 강조한다.

사람이 온 세상을 얻는다 해도 제 목숨을 잃으면 무슨 소용이 있겠는가? 사람의 목숨을 무엇으로 바꾸겠느냐란 말이 마태복음에 있다. 그렇다. 생명은 인생의 길이요 진리가 된다. 그러나 생명은 죽음에서 다시 태어난다.

법화산 정상 정자 옆
긴 세월 찬비 바람 꿋꿋이 견딘
반질반질 껍질 벗겨진 소나무는
산사의 우직한 버팀목이었다

어느날 꽃샘바람 스친 이른 아침
맥없이 쓰러진 네 모습은
밑동까지 썩어, 바람도
들락날락 하얀 개미집 되었네

잇몸만으로 괜찮다 괜찮다 하시던
엄마 무덤가 하얗게 돋아난
하얀 냉이 뿌리는 엄마 이빨이었다

냉잇국 끓이는
엄마 살 먹고 자란 나도
하얀 개미였네

—〈하얀 개미〉 전문

무덤가에서 자란 하얀 냉이 뿌리는 엄마의 흰 이빨이란 생각이다. 꽃샘바람에 넘어진 '반질반질한' 소나무는 이미 개미집이 되어 하얀 개미들이 살고 있다. 그 개미들도 엄마 무덤가에서 자란 소나무에서 살았기 때문에(엄마 살 먹고 자란) '나도 하얀 개미였네' 란 마지막 글에 이르면 철저한 생명의 순환을 감지하고 있음이다. 바로 생명은 죽음에서 태어난다는 것을 느끼게 된다. 순환의 진리는 이런 발전 경로를 밟는다. 무덤가에 자라던 소나무가 꽃샘바람에 쓰러지고 속이 빈 나무 둥치에 흰개미들이 산다. 무덤가에 자란 냉이 뿌리의 흰 빛깔은 어머니의 빠진 이와 같다는 생각, 개미나 냉이가 모두 어머니의 무덤가에서 자랐기 때문에 '엄마의 살 먹고 자' 랐다고 느끼는 이희숙의 순환사상은 이 세상에서의 모든 생명체는 영원불변임을 인식한다. 나고 죽고, 죽으며 다시 낳는 생명체는 변화와 변신으로 이어진다는 생각이다. 인생은 허무하지만 죽음이 삶을 보탠다는 사상은 허무주의에서 탈출하는 최초의 계기를 마련한다.

구덩이로 몰아가기 전
축사에서 살처분될 어미소가
새끼에게 불은 젖을 물리고 있다

젖꼭지를 잘근잘근 씹다가
젖가슴을 쿡쿡 들이치받다가
문득, 하늘 한 번 쳐다본다
…(중략)…

안락사 주사바늘 몸에 들어갈 때
태어난 지 겨우 한 달 된 어린 송아지는
그저
눈만 껌벅인다

어미 눈에 영롱한 새끼가 박혀 있다
죽음의 소통은 이제 너도 나도
아프지도 않겠다

—〈풍경(소 · 1)〉의 일부

가축의 전염병 때문에 키우던 소나 돼지를 생으로 죽여야 하는 쓰라린 광경이다. 태어난 지 한 달도 안 된 송아지가 어미의 젖을 빤다. 마지막이다. 어미의 체취, 어미의 젖을 조금이라도 더 빨아먹고 싶을 테지만 송아지도 어미도 더는 어쩔 수 없다. 참으로 불쌍한 광경이다. 이 시를 읽고 남는 것은 어미와 송아지와의 관계, 모성애다. 새끼에 대한 선천적이고 본능적인 어미의 사랑은 물불을 가리지 않지만 그것은 살처분이란 잔인한 행위가 있기 이전이다.

이 때 새끼(송아지)를 쳐다보는 어미의 눈에는 새끼만 영롱하게 박혀 있다는 이희숙의 진술은 절망을 안겨 준다. "죽음의 소통은 이제, 너도 나도/ 아프지 않겠다" 로 마감한다. 이런 비극적인 상황에서 이희숙은 죽음을 통한 '소통' 을 생각하고 생명의 존엄성을 깨닫는다.

성당 미사 끝나고
계단을 내려가는 노부부
넘어질세라 얼른 손 내밀어
빈손을 잡아 준다

계단을 오르내리는 늙은 손들은
다들 맞잡은 손이다
그러나 뒤따르는
혼자만의 발걸음 있다
…(중략)…

구부정 헤엄치는 저 가느다란
허리 감싸 줄 따뜻한 손 어디 없을까

당신은 진정 無所不在하십니까.

—〈따뜻한 손〉의 일부

성당에서 미사가 끝나면 제각기 갈 길을 따라 흩어진다. 뿔뿔이 흩어지는 모습에서 느끼는 고독감, 많은 사람이 있는 속에서 느껴지는 고독감은 더욱 외롭다. 갑작스럽게 누구를 위해 살아갈까? 생각하게 되는 경우도 있을 것이다.

이 시의 두 번째 연 "계단을 오르내리는 늙은 손들은/ 다들 맞잡은 손이다/ 그러나 뒤따르는/ 혼자만의 발걸음 있다"란 시구에 주목할 필요가 있다.

나이든 노인들은 누구나 손을 잡지만 뒤따르는 이희숙은 '혼자만의 발걸음' 이란 토로가 아직 이희숙은 늙지 않았음을 말하지만 마음만은 그렇지 않다는 고독감이 엄습해 온다. 그래서 '당신은 진정 無所不在하십니까' 라고 반문한다. 무소부재는 천주의 적극적 품성을 이른다. 어디든지 이르지 않은 곳이 없다. 이희숙이 믿는 곳은 바로 이것뿐이다.

4.

시를 쓰는 사람은 누구나 자연에 대한 관심을 갖는다. 아니 관심뿐 아니라 자연과 함께 어울려 살아간다. 그 까닭은 자연은 신이요, 창조요, 진리이며 예술이 닮고 싶은 본모습이기 때문이다. 자연은 인간에게 소용되는 모든 것을 공급해 준다고 생각했던 L. A. 세네카는 자연에 따라 인간이 살아가는 것으로 생각할 때 우리들은 자연을 지도자로 모셔야 한다고 말했다. 왜냐하면 인간이 가진 이성은 자연에 주목하고 자연과 서로 상담한다고 믿었기 때문이다. 그래서 착하게 사는 것은 자연에 따라서 산다는 것이다. 때문에 자연을 저버리면 살아갈 수 없는데 많은 사람들은 이를 깨우치지 못한다.

산을 품어 안은 숲의 호수에 앉아서
고요한 호명호수에 내 마음 풀어 놓으면
산의 숨소리조차 들리는 듯 비로소
엄마의 울음을 듣는다

언제나 닫혀진 물의 파문은 파르르
소리조차 절절했던 그때
바람이 찾아와 치맛자락 붙들고
이슥하도록 달빛 호수길 물동이 나르던 어머니

수면의 떨림은 산천어
산란을 알리는 신성한 의식이 시작되는
그건 모든 어미들의 진통이다
호수는 고요한 물에서도
숲에서도 생명을 이어가는 길이 있다

–〈호명 호수〉 전문

경기도 가평에 있는 호명산, 그 산 속에 호수가 있다. 자연은 생명의 원천이며 어머니와 같다는 이희숙의 사상이 잘 드러나 있다. "고요한 호명 호수에 내 마음 풀어 놓으면/ 산의 숨소리조차 들리는 듯, 비로소/ 엄마의 울음을 듣는다." 비로소 듣는 엄마의 울음소리가 얼마나 엄숙한가?

"산란을 알리는 신성한 의식이 시작되는/ 그건 모든 어미들의 진통"에서 출산의 고통을 느끼고 호수의 고요한 물에서, 조용한 숲에서도 생명의 길을 발견하는 이희숙의 눈은 밝다. 자연과 함께 살아가기 때문이다. 이것이 순명이다. 순명은 하늘에서 주어진 명과 자연의 법칙을 따르는 것이다. 자연에 있는 모든 것은 법과 함께 행동한다는 칸트의 말을 빌릴 것 없이 인간은 자연의 법칙을 지켜 나가는 것을 순명으로 알아야 한다. 이 길만이 자연을 거역하며 살아가는 게 아니다 우리를 둘러싸고 있는 대자연은 바로 생명이기 때문이다.

굽이굽이 초록으로 흐르는 동강그리고 서강
어제의 강물이 옛 빛인 줄만 알았더니
물이 아침을 여는 그 속엔
산이 있어 푸르네

–〈동강시스타에서〉의 일부

언제나 원을 넘지 못하는 그들
바람 따라 세차게 흔들어도 보고
때론, 달빛이 찾아와 흔들면 짤랑
입맞춤한다

–〈풍경 소리〉의 일부

함성도 갈채도 없이
흔들려야 한다는 것
바람에 순응하며
그렇게
흔들려야 한다는 갈대

—〈갈대 · 1〉의 일부

멀리서 보면 굽이치는 물결이 푸른 색이었는데 아침에 보니 푸르지 않았다는 이유는 산이 있기 때문이라는 표현, 달빛이 찾아와 흔들면 짤랑, 소리내는 풍경도 운명에 순응하는 것 같다는 한계의식, 갈대의 움직임이 내는 소리가 함성 같다는 생각도 모두 자연에 의지해서 생각한 결과이고 자연의 변화를 순리로 깨우친 데서 느낀 것들이다. 사람의 삶도 자연과 순리를 떠나서는 존재할 수 없다. 인간에게는 명줄에 맞게 살아가는 순명이 있다. 바로 이것을 자연의 법칙으로 깨달은 이희숙은 자연과 운명을 깊이 찾아 실천하는 시인이다.

지금까지 이희숙의 시를 첫째, 살아가는 지혜를 찾는 재미를 주제로 하여 사랑과 연민에 관한 것들을 살폈고 둘째, 고독과 순환, 그리고 생명과 모성애에 관한 주제를 찾아 살폈다. 셋째, 시인이면 누구나 관심을 가지고 푹 빠지는 자연과 순명에 대한 시편들을 살펴보면서 이희숙 시인의 깨끗한 마음가짐과 순결한 의지가 그의 시에 녹아 있음을 발견하게 되었다.

앞으로도 계속 좋은 글로 대성하기를 바란다.

이희숙 시집

꽃은 참 아팠겠다

•

지은이 / 이희숙
펴낸이 / 김재엽
펴낸곳 / 한누리미디어
디자인 / 지선숙

•

121-840, 서울시 마포구 서교동 395-13 서원빌딩 2층
전화 / (02)379-4514, 379-4519
Fax / (02)379-4516
E-mail/hannury2003@hanmail.net

•

신고번호 / 제300-2006-61호
등록일 / 1993. 11. 4

•

초판발행일 / 2011년 10월 5일

•

•

값 10,000원

•

※잘못된 책은 바꿔드립니다.
※이 책은 용인예총 창작 지원금을 지원받아 출판되었습니다.

•

ISBN 978-89-7969-401-7 03810